# DISCOURS

*POUR LE MARIAGE*

de

M. LE COMTE GUILLAUME DE BUCHEPOT

AVEC

M<sup>lle</sup> CLAIRE ESPIVENT DE LA VILLESBOISNET

CÉLÉBRÉ

*A la chapelle de Jésus-Enfant, paroisse Sainte-Clotilde de Paris,*

LE 26 AOUT 1885

PRONONCÉ PAR

M. L'ABBÉ H. DE BERTRAND DE BEUVRON

Chanoine de Paris
Ancien Aumônier en chef des armées.

# DISCOURS

*POUR LE MARIAGE*

de

M. LE COMTE GUILLAUME DE BUCHEPOT

AVEC

M<sup>lle</sup> CLAIRE ESPIVENT DE LA VILLESBOISNET

CÉLÉBRÉ

*A la chapelle de Jésus-Enfant, paroisse Sainte-Clotilde de Paris,*

LE 26 AOUT 1885;

PRONONCÉ PAR

M. L'ABBÉ H. DE BERTRAND DE BEUVRON

Chanoine de Paris
Ancien Aumônier en chef des armées.

✤

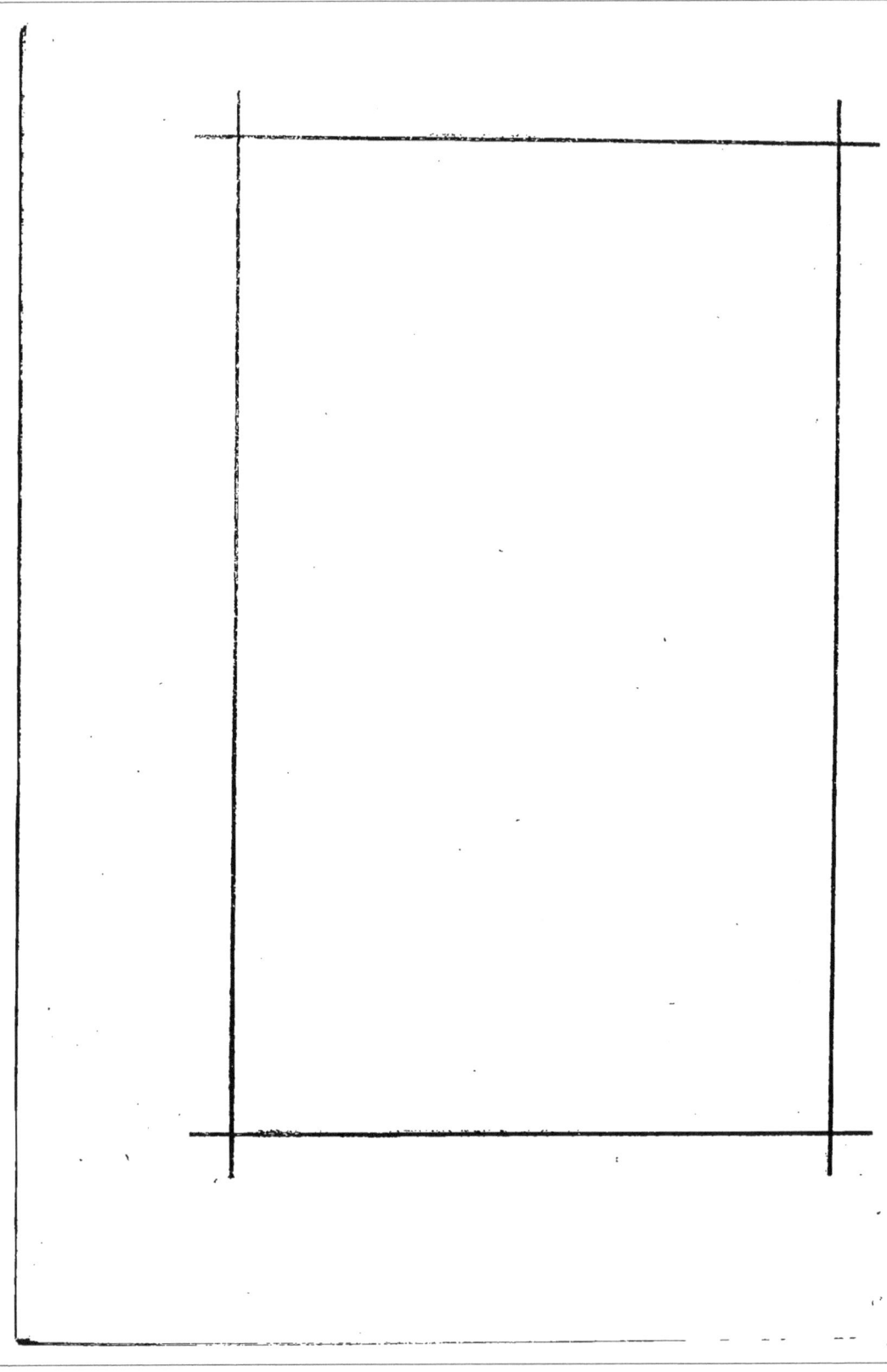

Mon cher Guillaume, Mademoiselle,

Il y a trente-cinq ans, je bénissais avec une grande tendresse, dans l'église de Saint-Paterne d'Orléans, l'union de deux jeunes époux, votre père et votre mère, mon cher Guillaume. Après avoir béni la source, j'ai béni tous les berceaux, et je n'ai pas oublié le jour — il y a vingt-six ans de cela — où l'on vous apportait dans cette même église de Saint-Paterne, frêle et délicate créature qui devait devenir, par la grâce divine et des soins que l'amour d'un père et d'une mère pouvait seul inspirer, le jeune homme qui vient aujourd'hui, plein de force et de santé, demander à son tour la bénédiction nuptiale.

Il m'appartenait à plus d'un titre, mon cher Guillaume, de vous donner cette bénédiction. Je vous ai baptisé et, de plus, j'ai contracté avec vous les liens d'une paternité spirituelle en répondant de votre âme devant Dieu. Cette responsabilité, mon cher enfant, vous avez su la rendre bien légère et bien douce. Votre conduite constamment régulière, votre jeunesse toujours surveillée et dirigée par la sollicitude intelligente d'un père et d'une mère qui comprenaient leurs devoirs les plus sacrés, votre vie profondément chrétienne vous ont fait traverser d'un pas ferme et sûr la première et la plus périlleuse étape de la vie. Vous touchez le port ; et le Seigneur, dépassant les vœux de vos chers parents et les prières ardentes de cet ange tutélaire que vous appelez : « Ma sœur », vous présente une compagne qui réunit tous les dons du Ciel. Vous entrez dans une famille où la foi, l'honneur et la vaillance sont héréditaires depuis des siècles, une de ces vieilles et légendaires familles de Bretagne, chez qui les convictions généreuses et vraies sont inébranlables comme ces blocs de granit contre lesquels viennent se briser les flots de l'Océan, sans les entamer jamais.

Votre fiancée, mon cher Guillaume, possède une âme de Bretonne, mais une âme qui a été façonnée par une mère incomparable, pour vivre sous des cieux nouveaux et les embaumer de ses parfums. Oh! ne craignez pas, Mademoiselle, je ne veux pas troubler votre modestie en disant ici tout haut ce que chacun pense tout bas. Vous trouverez à Orléans, la ville bien connue par sa piété traditionnelle et sa charité sans mesure, des cœurs qui sauront vous comprendre, vous estimer et vous aimer. Dans votre nouvelle famille, vous n'aurez pas à brûler ce que vous avez adoré, vous n'aurez pas non plus à adorer ce que vous avez brûlé : les esprits et les cœurs seront dans une harmonie parfaite.

Mais, si je puis ménager votre délicatesse en jetant un voile sur vos mérites personnels, il est une gloire de famille que je ne puis laisser dans l'ombre sans manquer à mes devoirs de Prêtre et d'ancien Aumônier des armées. Vous avez l'insigne honneur, Mademoiselle, d'être la fille d'un des plus illustres généraux de l'armée française. Que le général Espivent de la Villesboisnet me permette ici, au nom de l'Église, de lui offrir l'hommage d'une profonde reconnaissance. C'est grâce à la fermeté de son caractère, à son courage invincible, à la sûreté de son coup d'œil qui a su déjouer de basses et coupables intrigues que le Souverain Pontife Pie IX, d'immortelle mémoire, a pu remonter un jour sur son trône du Vatican. Vingt ans plus tard, ce trône s'écroulera de nouveau sous les coups d'une conjuration sacrilège; mais cette fois, hélas! l'épée du soldat de la France ne sera plus là pour le défendre. Permettez-moi aussi, Général, de vous remercier, au nom de notre chère patrie, des nombreux et signalés services que vous lui avez rendus pendant le cours de votre glorieuse carrière. Marseille reconnaissante vous a offert une épée d'honneur, en vous proclamant, après Belzunce, son second sauveur : relique vénérée que vos fils se passeront d'âge en âge avec un légitime orgueil. Mais, cette lame généreuse, ne la verrons-nous pas sortir de son fourreau comme le glaive de Goliath gardé à l'ombre du sanctuaire? Qui peut pénétrer les secrets de Dieu! Ah! si l'Église ou la France poussaient un jour un cri d'alarme, vous seriez là encore debout, mon Général, avec un bras toujours fort et un cœur toujours vaillant.

Et maintenant, mes chers Enfants, recueillez vos âmes pour recevoir dans sa plénitude la bénédiction des époux chrétiens. La sainte Église emploie dans ce moment solennel les prières les plus tendres et les accents les plus touchants. Elle voit à ses pieds Adam et Ève sortant des mains du Créateur, beaux comme les chérubins du ciel, souriants, épanouis, portant dans leur sein toutes les espérances du genre humain. Elle voit passer devant elle la longue file des patriarches : Abraham et Sara, Isaac et Rebecca, Jacob et la douce Rachel, les deux Tobie et leurs fidèles compagnes. Tous traversent deux à deux les siècles, la main dans la main l'un de l'autre, et se transmettent de génération en génération la bénédiction de l'Éden : « Croissez et multipliez. » Mais cette bénédiction de la loi antique ne suffit plus aux époux chrétiens. Les âmes montent à des régions supérieures par le sacrement du mariage, et les types de l'époux et de l'épouse sont désormais Jésus-Christ et son Église. Écoutez saint Paul exposant la doctrine du mariage dans une page sublime qui résume tout l'enseignement chrétien : « Que les femmes soient soumises à leurs maris comme au Seigneur, parce que le mari est le chef de la femme comme Jésus-Christ est le chef de l'Église qui est son corps et dont il est aussi le sauveur. Comme donc l'Église est soumise à Jésus-Christ, les femmes doivent être soumises en tout à leurs maris. Et vous, maris, aimez vos femmes comme Jésus-Christ a aimé l'Église et s'est livré lui-même pour elle, afin de la sanctifier..... Ainsi les maris doivent aimer leurs femmes comme leur propre corps. Celui qui aime sa femme s'aime soi-même, car nul ne hait sa propre chair; mais il la nourrit et l'entretient, comme Jésus-Christ a fait à l'égard de l'Église. C'est pourquoi l'homme abandonnera son père et sa mère pour s'attacher à sa femme, et à deux ils formeront une seule chair. Ce sacrement est grand, oui, je le dis, il est grand en Jésus-Christ et en l'Église. Que chacun de vous aime sa femme comme lui-même, et que la femme respecte et vénère son mari (1). »

Gardez, mes chers Enfants, gardez ces divines paroles écrites dans vos cœurs ; qu'elles soient la règle de votre vie et vous serez heureux. « Bienheureux l'homme qui craint le Seigneur et observe fidèlement sa loi. Sa femme sera comme une vigne abondante qui garnit les murs de sa maison. Ses fils entoureront sa table comme de jeunes plants d'oliviers, il verra les fils de ses enfants jusqu'à la troisième et quatrième génération. » Images touchantes du bonheur domestique promis aux époux chrétiens ! Ce bonheur, mes chers Enfants, vous

---

(1) Épître de saint Paul aux Éphésiens, chap. v, versets 22 et suivants.

le goûterez, j'en ai la douce confiance, et Dieu y joindra ses faveurs spirituelles qui vous feront aspirer après le bien suprême, la pleine possession de son être infini dans un monde meilleur.

www.ingramcontent.com/pod-product-compliance
Lightning Source LLC
Chambersburg PA
CBHW061620040426
42450CB00010B/2580